Edition Schott

Harald Genzmer
1909 – 2007

Neuzeitliche Etüden
Modern Studies

für Flöte
for Flute

Band 1

FTR 87
ISMN 979-0-001-09393-4

Band 2
FTR 88

www.schott-music.com

Mainz · London · Berlin · Madrid · New York · Paris · Prague · Tokyo · Toronto
© 1956 SCHOTT MUSIC GmbH & Co. KG, Mainz · © renewed 1984 · Printed in Germany

Neuzeitliche Etüden

Etudes modernes   Modern Studies

Harald Genzmer

I

II

4

III

Tranquillo

IV

Allegro moderato

6

V

Allegretto

mf cresc.   ff

Auch staccato zu üben
A travailler également staccato
Practise also staccato

Sowohl mit dem B-Hebel als auch ausschließlich mit dem 2. Finger der rechten Hand
A travailler aussi bien avec la clef de si bémol que seulement avec le 2e doigt de la main droite
Practise with the Bb key as well as using only the 2nd finger of the right hand

VI
Die lydische und die phrygische Leiter

Moderato

f [: p :]

pp

VII

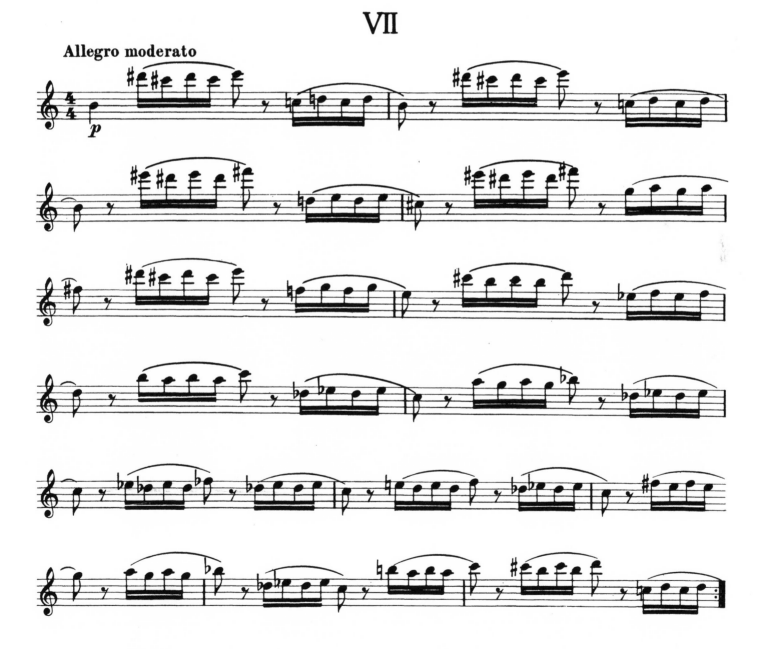

Später auch zu üben in
A travailler aussi ultérieurement en
Practise also eventually in

etc.

Diese Studie ist sowohl *ausgegriffen* wie auch bei schnellerem Zeitmaß mit Trillergriffen zu üben
Cette étude doit être travaillée aussi bien *à vide* qu'avec un doigté trillé sur un tempo plus rapide
This study should be practised with *full fingering* and, at a faster pace, with trill fingering

Allegro

IX

Amabile e poco vivace

Sowohl auch legato wie staccato zu üben
A travailler aussi bien legato que staccato
Practise both legato and staccato

X

Allegro moderato

Auch zu üben
A travailler également
Practise also

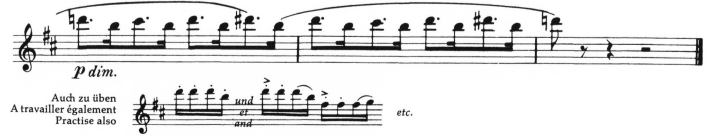

und
et
and

etc.

XI